Charles Bukowski

Roter Mercedes
und andere Gedichte

Deutsch von Carl Weissner

MaroVerlag

Die amerikanische Originalausgabe erschien 1986 bei
Black Sparrow Press, Santa Rosa, unter dem Titel:
You Get So Alone at Times That it Just Makes Sense

Diese Ausgabe (Auswahl) erscheint mit freundlicher
Genehmigung von Ecco, einem Imprint von
HarperCollins Publishers, New York

Lektorat: Esther Ghionda-Breger
Umschlag: Rotraut Susanne Berner
Druck: Steinmeier, Deiningen
Bindung: Thomas Buchbinderei, Augsburg
Printed in Germany
ISBN 978-3-87512-473-6

Die Deutsche Nationalbibliothek verzeichnet diese
Publikation in der Deutschen Nationalbibliografie;
detaillierte bibliografische Daten sind im Internet über
http://dnb.d-nb.de abrufbar.

Für Jeff Copland

Inhalt

Roter Mercedes

Natürlich, jeder hat mal
schlechte Laune, das liegt an
einer Verschiebung des
chemischen Gleichgewichts
und einer Existenz
die uns manchmal, wie es
scheint, jede Aussicht
auf Glück
verbaut.

Ich hatte schlechte Laune
als sich vor dem Parkplatz der
Rennbahn dieser reiche Sack
mit seiner dumpfen Braut
in einem roten Mercedes
vor mir rein-
drängelte.

Sofort schoss es mir
durch den Kopf:
Den Wichser zerr ich
aus seinem Wagen und
mach ihn
kalt!

Ich fuhr ihm nach
zum Parkservice
hielt hinter ihm
sprang aus meinem
Auto, rannte zu seiner
Fahrertür und wollte sie
aufreißen.

Sie war
verriegelt.
Die Fenster
waren hoch-
gekurbelt.

Ich hämmerte an
sein Fenster:
»Mach auf! Oder ich
reiß dir
den Arsch auf!«

Er saß einfach da
und schaute gerade-
aus.
Seine Braut
tat dasselbe.
Sie wollten mich eiskalt
ignorieren.

Er war 30 Jahre
jünger als ich
aber ich wusste
dass ich ihn erledigen
konnte. Er war
ein verwöhntes
Weichei.

Ich schlug mit der
Faust ans Fenster:
»Steig aus, du Arschloch,
oder ich schlag die
Scheibe ein!«

Er nickte seiner
Freundin kurz
zu.

Ich sah
wie sie in das
Handschuhfach
griff und
ihm die Kaliber .32
zuschob.

Ich sah
wie er die
Waffe nach unten
hielt und
entsicherte.

Ich drehte mich um
und ging in Richtung
Klubhaus. Die Rennen
die an diesem Tag
auf dem Programm standen
sahen verdammt
gut aus.

Ich brauchte nur noch
da zu sein.

Ein verhinderter Rentner

Schweinekoteletts, sagte mein Vater, ich liebe
Schweinekoteletts!

Und ich sah ihm dabei zu, wie er sich das fettige
Zeug in den Mund stopfte.

Pfannkuchen, sagte er, Pfannkuchen mit
Sirup, Butter und Schinken!

Ich sah, wie seine Lippen
davon ordentlich glänzten.

Kaffee, sagte er, ich mag den Kaffee so heiß
dass er mir die Kehle verbrennt!

Manchmal war der Kaffee zu heiß, und er
spuckte ihn über den ganzen Tisch.

Kartoffelbrei mit Soße, sagte er, ich
liebe Kartoffelbrei mit Soße!

Er schaufelte es sich rein, und seine Backen
blähten sich auf, als hätte er Mumps.

Chili und Bohnen, sagte er, ich liebe Chili
und Bohnen!

Er schlang alles runter, ließ stundenlang
laute Fürze und grinste nach jedem.

Erdbeerkuchen, sagte er, mit Vanille-
eis, das nenn ich einen Nachtisch!

Er sprach dauernd vom Ruhestand
und was er alles tun wollte, wenn er
mal in Rente geht.
Wenn er nicht vom Essen sprach
dann faselte er andauernd vom
Ruhestand.

Er schaffte es nicht bis zum Ruhestand.
Er starb, als er sich eines Tages an der
Küchenspüle ein Glas Wasser holte.
Er zuckte zusammen, als hätte ihn
eine Kugel getroffen, das Glas
fiel ihm aus der Hand, er kippte
um, landete platt auf dem Rücken
und sein Schlips verrutschte nach links.

Hinterher sagten sie
sie könnten es nicht fassen
er hätte kerngesund gewirkt.
Vornehme weiße Koteletten,
eine Packung Zigaretten in der
Hemdtasche, immer einen Witz
auf Lager, vielleicht ein bisschen laut,
vielleicht ein wenig cholerisch,
aber unterm Strich
ein ganz passabler Kerl
der an seinem Arbeitsplatz
nicht einen Tag fehlte.

Beschäftigungstherapie

An diesem schwülen Morgen klatscht
Hades in seine Herpeshände
und aus dem Radio
singt eine Frau für mich
ihre Stimme windet sich durch
den Qualm und den Weindunst …

Es ist einsam, singt sie, und du
bist nicht mein, es macht mich so traurig
mit mir allein zu sein …

Ich höre Autos auf dem Freeway
es ist, als wäre es ein ferner Ozean
proppenvoll mit Menschen
und weiter drüben in der 7th Street
Nähe Western Avenue
ist das Hospital, das Haus der Agonie –
Laken und Bettpfannen und Arme und
Köpfe und ausgehauchtes Leben.
Alles so reizend und schauderhaft,
so unaufhaltsam, die Kunst des Geschicks
das sich erfüllt: Leben, das
Leben verzehrt …
In einem Traum sah ich mal eine
Schlange, die ihren eigenen
Schwanz verschluckte. Sie schlang
und schluckte, bis sie halb herum war,
dann hörte sie auf und blieb so,
gestopft mit sich selbst.
Ziemlich krass, so was.
Wir haben nur
uns selbst. Das
reicht auch …

Ich gehe nach unten, um noch
eine Flasche zu holen
ich mach die Glotze an,
da ist Greg Peck und mimt
F. Scott Fitzgerald, er ist
ganz aufgeregt und liest seiner
Freundin aus seinem Manuskript vor.
Ich schalte wieder
aus. Was ist das bloß
für ein Schriftsteller, der
einer Frau sein Zeug vorliest?
Das ist Nötigung …

Ich gehe wieder rauf, und meine
beiden Katzen folgen mir, es sind
prächtige Kerle, wir kommen prima
miteinander aus, wir haben nie
Streit, hören dieselbe Musik
und gehn zu keiner Präsidentschaftswahl.
Der große Kater springt auf die
Rückenlehne meines Sessels und
reibt sich an meiner Schulter
und meinem Nacken.

»Vergiss es«, sage ich ihm. »Ich
les dir dieses Gedicht
nicht vor.«

Er springt runter, läuft raus
auf den Balkon, und sein Kumpel
folgt ihm.

Sie sitzen da und schauen
in die Nacht. Hier haben wir
die Macht der Vernunft.

An diesem frühen Morgen, wenn fast
alle schlafen, kriechen kleine Wanzen
rein, geflügelte
Wesen, die kreisen und surren; die
Schreibmaschine summt ihr elektrisches
Summen, und nachdem ich die Flasche
geöffnet und einen Schluck probiert habe
tippe ich die nächste Zeile.
Du kannst es deiner Freundin vorlesen
und sie wird dir wahrscheinlich sagen
dass es Quatsch ist. Sie liest gerade
Zärtlich ist die Nacht.

Das Unmögliche

Van Gogh bittet seinen Bruder um Farbe
Hemingway testet seine Schrotflinte im Selbstversuch
Céline legt als Arzt eine Pleite hin
die Unmöglichkeit, Mensch zu sein
Villon wegen Diebstahl aus Paris verbannt
Faulkner betrunken in den Gossen seiner Stadt
die Unmöglichkeit, Mensch zu sein
Burroughs erschießt seine Frau
Mailer sticht auf seine mit dem Messer ein
die Unmöglichkeit, Mensch zu sein
Maupassant dreht in einem Ruderboot durch
Dostojewski wird an die Wand gestellt
Crane springt vom Heck in die Schiffsschraube
die Unmöglichkeit
Sylvia, den Kopf im Gasherd wie eine gebackene Kartoffel
Harry Crosby springt in die Schwarze Sonne
Lorca von spanischen Soldaten auf der Straße ermordet
die Unmöglichkeit
Artaud auf einer Bank in einem Irrenhaus
Chatterton trinkt Rattengift
Shakespeare ein Plagiator
Beethoven wegen Schwerhörigkeit
mit einem Hörrohr im Ohr
die Unmöglichkeit die Unmöglichkeit
Nietzsche unheilbar verrückt
die Unmöglichkeit, Mensch zu sein
allzu menschlich
dieses Atmen
ein und aus
aus und ein
diese verkrachten
Existenzen

diese Feiglinge
diese Siegertypen
diese glorreichen
durchgeknallten Hunde
die das Unmögliche tun
und uns diesen
schmalen Hoffnungs-
schimmer erhalten.

Mäzene

Ich habe gerade ein Buch über eine reiche
literarisch interessierte Lady und ihren
Mann gelesen, die sich in den zwanziger Jahren
quer durch Europa schlemmten und eine
Party nach der anderen gaben
sie trafen Pound, Picasso, A. Huxley,
Lawrence, Joyce, F. Scott, Hemingway und
viele andere
diese Berühmtheiten waren für sie wie kostbare
Puppen
und in dem Buch liest es sich so
dass die Berühmtheiten es gern über sich
ergehen ließen.
Während der ganzen Lektüre wartete ich
darauf, dass wenigstens *einer* der Berühmtheiten
diesem reichen literaturbeflissenen Ehepaar
sagt, sie sollen sich zum Teufel scheren
aber anscheinend hat es nie einer getan.
Stattdessen wurden sie fotografiert
mit der Lady und ihrem Mann
in verschiedenen Badeorten
wo sie ein intelligentes Gesicht machten
als gehörte das alles zum Schaffen
von Kunst.
Vielleicht hatte die Tatsache, dass
das Ehepaar einen mondänen kleinen
Verlag betrieb, etwas damit zu tun.
Sie posierten alle zusammen
für Gruppenfotos bei Partys
oder vor der Buchhandlung von
Sylvia Beach.

Es stimmt, die meisten von ihnen
waren große oder wenigstens originelle
Künstler, doch es macht alles
einen so snobistischen, prätentiösen
Eindruck.
Der Ehemann setzte schließlich
seinen angedrohten Selbstmord in die Tat um
und die Lady druckte eine meiner ersten
Kurzgeschichten in den vierziger
Jahren und ist inzwischen tot
aber ich kann den beiden
ihr reiches dummes Leben
nicht verzeihen, und ihren
kostbaren Puppen nehme ich übel
dass sie sich dazu
machen ließen.

Da hilft alles nichts

Es gibt einen Ort im Herzen
der sich nie ausfüllen lässt

einen Raum

und selbst in den
besten Augenblicken
und herrlichsten
Zeiten

werden wir es wissen

mehr denn je
werden wir es
wissen:

es gibt einen Ort im Herzen
der sich nie ausfüllen lässt

und

wir werden
warten und
warten

in diesem
Raum.

Nichtsnutz

Mein Vater hatte kleine Sinnsprüche
die er meistens beim Abendessen
zum besten gab. Essen erinnerte ihn
immer ans Überleben.
»Pack es oder pack ein ...«
»Der frühe Vogel fängt den Wurm ...«
»Morgenstund hat Gold im Mund (usw.) ...«
»Wer will, kann es in Amerika immer
zu was bringen ...«
»Wer sich selbst hilft, dem (usw.) ...«

Ich hatte keine Ahnung, wen er damit
ansprechen wollte. Für mich war er
ein hirnloses, stupides Scheusal
doch meine Mutter schaltete sich
bei diesen Sitzungen immer wieder
mit der Mahnung ein: »Henry, *hör*
auf deinen Vater.«

In dem Alter hatte ich
keine Wahl
doch während ich das Essen und
seine Sprüche runterschluckte
verging mir der Appetit und
meine Verdauung streikte.

Mir schien, dass kein Mensch auf der
Welt meinem Glück so sehr im Weg stand
wie mein Vater
und es sah so aus
als hätte ich auf ihn
die gleiche Wirkung.

»Du bist ein *Nichtsnutz*«
sagte er zu mir, »und du wirst
immer einer *bleiben!*«
und ich dachte: Wenn ein Nichtsnutz
das Gegenteil von diesem
Mistkerl ist, dann
will ich genau das
sein.

Schade, dass er schon so lange
tot ist und nicht mehr
sehen kann, wie gut ich
damit gefahren bin.

Bildung

In der kleinen Schulbank
mit dem Tintenfass
hatte ich ein Problem
mit den Wörtern
»sing« und »sind«.
Ich weiß nicht
warum, aber
»sing« und »sind«
das fiel mir
schwer.

Die anderen machten weiter
und lernten neue Sachen.
Ich saß da und dachte nach
über »sing« und »sind«.
Irgendwas daran
blockierte mich.

Ich bekam Bauchweh
während ich dasaß und die
Hinterköpfe der anderen
anstarrte.

Die Lehrerin hatte ein
sehr strenges Gesicht
mit einem spitzen Kinn
und einer dicken weißen
Puderschicht.

Eines Nachmittags
ließ sie meine Mutter
kommen.

Ich war dabei
als sie sich im
Klassenzimmer
unterhielten.

»Er lernt nichts«,
sagte die Lehrerin
zu meiner Mutter.

»Bitte, geben Sie ihm
eine Chance, Mrs. Sims!«

»Er gibt sich keine
Mühe, Mrs. Chinaski!«

Meine Mutter fing an
zu weinen.

Mrs. Sims saß da
und sah ihr zu.

Es dauerte einige
Minuten.
Dann sagte Mrs. Sims:
»Na, wir werden sehen
was wir tun können ...«

Und dann ging ich
draußen vor der Schule
neben meiner Mutter her.
Überall grüner Rasen.

Als wir auf dem
Bürgersteig waren
sagte meine Mutter:

»Ach Henry, dein Vater ist
so enttäuscht von dir
ich weiß gar nicht
was wir noch machen sollen!«

Vater, sagte eine Stimme
in meinem Kopf, Vater und Vater und Vater.

Nichts als Worte.

Ich beschloss
in dieser Schule
überhaupt nichts
zu lernen.

Meine Mutter ging
neben mir her, sie
existierte kaum, und
ich hatte Bauchweh
und selbst die Bäume
unter denen wir gingen
schienen kaum noch
Bäume
sondern alles andere
als das zu sein.

Downtown L. A.

Um 3 Uhr früh wirfst du deinen Schuh
durchs Zimmer und die Fensterscheibe splittert
du steckst den Kopf durch die gezackte Öffnung
und lachst, da schrillt das Telefon
jemand stößt amtliche Drohungen aus
die du mit Flüchen quittierst, du knallst
den Hörer auf die Gabel und die Frau
schreit: »SCHEISSE, WAS MACHST DU DENN,
DU ARSCH!«

Höhnisch grinsend siehst du sie an. Was
soll das? Du hast dich irgendwo geschnitten
es gefällt dir, dieses rote Tröpfeln
auf dein schmutziges zerrissenes Unterhemd
der Whisky tost in dir, du fühlst dich
unbesiegbar: du bist jung, du bist stark
die Welt stinkt vor jahrhundertealter
Menschheit

aber du bist auf Kurs
es ist noch was zu trinken da
es ist gut, es ist eine dramatische Farce
und du meisterst es mit Verve
Stil, Eleganz und mystischem
Sendungsbewusstsein.

Wieder ein Hotelbesäufnis – ein Segen für
Hotels und Whisky und die Damen
von der Straße!

»Werd ja nicht frech, du Flittchen!« drohst du
ihr. »Du halbe Portion! Ich bin
der härteste Typ in der Stadt, du weißt
anscheinend nicht, wen du hier
vor dir hast!«

Sie sieht mich an, als würde sie's fast
glauben, Zigarette im Mundwinkel, halb kirre,
verhärmt, verängstigt ... sie sucht einen
Ausweg, man hat sie geneppt, genommen,
gedemütigt, benutzt, verschlissen ...

Doch neben alledem ist sie für mich eine
Blume, ich sehe sie wie sie war
bevor die Lügen sie ruinierten:
ihre eigenen und die der anderen.

Für mich ist sie wieder neu, unbelastet,
genau wie ich: Wir beide
haben eine Chance.

Ich gehe zu ihr und gieß ihr
noch mal nach: »Du hast Klasse, Puppe,
du bist nicht wie die anderen ...«

Das gefällt ihr, und es gefällt auch mir
denn man muss es nur glauben, dann
wird es auch echt und wahr.

Ich sitz ihr gegenüber, während sie mir
aus ihrem Leben erzählt, ich gieß ihr nach
ich zünde ihr die Zigaretten an, ich höre zu
und die Stadt der Engel hört zu:
Sie hat eine Menge durchgemacht.

Ich werde sentimental und beschließe
sie nicht zu ficken – ein Mann mehr
wird ihr nicht helfen, und mir ist
eine Frau mehr nicht so wichtig.
Außerdem sieht sie auch nicht
so gut aus.

Eigentlich ist ihr Leben langweilig
und ganz alltäglich, aber das sind die
meisten; meins auch, außer wenn
der Whisky es beflügelt.

Sie kriegt einen Heulkrampf. Wirklich,
sie ist ganz nett. Und bedauernswert.
Sie will nur, was sie immer wollte
aber das entgleitet ihr immer mehr.

Sie hört auf zu schluchzen, wir
trinken und rauchen nur noch, es ist
friedlich – sie wird in dieser Nacht
ihre Ruhe vor mir haben …

Ich versuche, das Bett aus der Wandnische
zu klappen, es geht nicht, sie kommt her
und hilft, wir ziehen gemeinsam – plötzlich
fällt es auf uns runter, ein hartes
Ding, geistlos wie der Tod, sein Gewicht
drückt uns platt auf den Hintern, vor
Schreck schreien wir auf, dann müssen wir lachen,
wir lachen, als hätten wir den Verstand
verloren.

Sie geht zuerst ins Badezimmer, dann ich,
dann legen wir uns hin und schlafen.

Mitten in der Nacht weckt mich etwas auf –
sie beugt sich da unten
über mich, hat ihn im Mund
und lutscht wie wild drauflos.

»Lass mal«, sage ich, »das
muss nicht sein.«

Sie macht weiter, bringt
es zu Ende …

Am Morgen müssen wir unten am Portier
vorbei, er trägt eine klobige Sonnenbrille
als säße er im Schatten eines Tarantel-Traums.
Er war da, als wir kamen, und er sitzt
jetzt noch da: in ewiger Dunkelheit.
Wir sind fast an der Tür
als er sagt:
»Kommen Sie bloß nicht wieder.«

Wir gehen zwei Blocks rauf, dann links,
an der nächsten Ecke nach Süden, und
auf halber Höhe des Blocks in
Willies Bar, wo wir uns die
beiden Barhocker genau in der
Mitte nehmen.

Wir bestellen erst mal Bier
sie sucht in ihrer Handtasche nach
Zigaretten, ich stehe auf
geh zur Musikbox, werfe eine Münze ein
komme zurück und setze mich wieder.

Sie hebt ihr Glas: »Das erste ist am besten …«
Ich hebe meins: »Und das letzte …«

Draußen rauscht der Verkehr rauf und runter, runter und rauf,
ein zielloses Geschiebe.

Noch ein Opfer

Der Kater wurde überfahren
jetzt hat er einen knallroten
Verband am rechten Hinterlauf
und eine silberne Schraube
hält die beiden Hälften des
Oberschenkelknochens zusammen.

Als ich mit ihm vom Tierarzt
nach Hause kam und ihn
einen Moment aus den Augen
ließ, rannte er los
schleifte sein rotes Bein nach
und jagte die Katze.

Das Schlimmste, was er
tun konnte, dieser Idiot.

Jetzt ist er eingesperrt
und schmort auf der
Strafbank.

Er ist genau wie
wir alle:

Mit großen gelben
Augen starrt er
in die Welt

und ist nur
auf das gute
Leben aus.

Das macht Beerdigungen so deprimierend

Er hat die besten Voraussetzungen
aber er ist faul, hat kein Feuer
die Weiber benebeln ihm die Sinne
die Emotionen, er will nur herum-
kutschieren in seinem protzigen Auto
dem er einmal im Monat eine
Politur verpassen lässt
er wirft seine Schuhe weg
sobald sie leicht abgenutzt sind
aber
er hat die beste Rechte in
der Branche
und sein linker Haken kann einem Mann
den Brustkorb eindellen
falls ich ihn dazu kriege
nur hat er keinen Funken Fantasie
er rangiert unter den ersten zehn
aber da steckt keine Musik drin.
Er macht gutes Geld
aber es zerrinnt ihm
zwischen den Fingern
eines Tages wird er selbst das
bisschen, das er jetzt tut,
nicht mehr bringen.
Seine Vorstellung von Sieg bedeutet
möglichst vielen Damen den
Slip auszuziehen.
Darin
ist er ein Meister.
Und wenn du siehst, dass ich ihn
zwischen den Runden in seiner

Ecke anschreie, dann versuch ich
ihm einzuhämmern, dass es
JETZT darauf ankommt.
Er grinst mich nur an:
»Mensch, box *du* ihn doch, den
fiesen Hund …«

Du ahnst nicht, Vetter,
wie viele Männer
es könnten
aber einfach
nicht tun.

Mit dem Rücken zur Wand

Well, sie haben immer gesagt
dass es so enden würde:
Alt. Talent verpufft. Nach
Worten ringend –

die dräuenden
Schritte hören:
Ich schaue über die
Schulter nach hinten –

Noch nicht, alter Hund …
Aber bald.

Jetzt
sitzen sie herum und
reden über mich:
»Ja, es ist passiert, er
ist am Ende … es ist
traurig …«

»Viel drauf hatte er ja
nie, oder?«

»Ja, schon, aber jetzt …«

Jetzt
feiern sie meinen Niedergang
in Kneipen, in die ich keinen
Fuß mehr reinsetze.

Jetzt
trinke ich allein
an dieser stockenden
Maschine.

Während die Schatten
Gestalt annehmen
kämpfe ich den zähen
Abwehrkampf.

Jetzt
da die Hoffnungen
von einst
versickern
versanden

Jetzt
zünde ich mir die
nächste Zigarette an
gieße mir noch einen
Drink ein –

es war ein toller
Fight

und ist es
noch.

Rumgammeln mit Jane

Es gab keinen Herd
also wärmten wir uns Bohnen-
konserven in heißem Wasser
im Waschbecken auf
und die Sonntagszeitungen
lasen wir montags – da
fischten wir sie aus den
Mülltonnen
doch irgendwie kratzten wir
das Geld zusammen
für Wein und
die Miete
das Geld kam von den
Straßen
aus Pfandhäusern
aus dem Nichts
uns ging es nur um
die nächste
Flasche
und wir tranken und sangen
hatten Streit
landeten immer wieder
in Ausnüchterungszellen
und Krankenhäusern
hatten Autounfälle
verbarrikadierten uns
vor der Polizei
die anderen Mieter
hassten uns
und der Hotelportier
hatte Angst vor uns

und so ging es
weiter und
weiter
aber es war eine der
herrlichsten Zeiten
meines Lebens.

Lausiger Abend in Las Vegas

Hör zu, sagte sie und rekelte
sich auf dem Bett, ich will keine
Beziehung mit dir –
wir machen es einfach, ich will
mich auf nichts einlassen,
kapiert?

Sie kickte ihre High Heels
in die Ecke …

Er stand da und sagte: Alles klar.
Wir können ja so tun, als hätten wirs
schon gemacht. Noch weniger kann
man sich nicht einlassen, oder?

Was zum Teufel soll das denn
heißen? fragte sie.

Es soll heißen, sagte er, dass ich
sowieso lieber was trinken will.

Er goss sich einen Drink ein.

Es war ein lausiger Abend in
Las Vegas. Er ging ans Fenster und
schaute hinaus auf die blöden
Leuchtreklamen.

Bist du schwul? fragte sie. Bist du
ne gottverdammte Schwuchtel?
Nein, sagte er.

Du musst jetzt nicht eklig werden, sagte sie,
bloß weil du am Spieltisch verloren hast.
Wir sind die ganze Strecke hierher gefahren
um uns zu amüsieren, und jetzt schau dich an
wie du dir das Zeug runterschüttest – das
hättest du auch in L. A.
tun können!

Hast recht, sagte er, die verfluchte
Flasche ist was, auf das ich mich
gern einlasse.

Ich will, dass du mich nach
Hause bringst, sagte sie.

Aber gern, sagte er. Gehn wir.

Es war einer dieser Augenblicke im Leben
wo nichts verloren ist, weil man erst
gar nichts gefunden hat.
Sie zog sich an, und es war ein trauriges
Gefühl für ihn, nicht wegen ihm und ihr
sondern weil es Millionen wie sie und ihn gab.
Draußen leuchteten die Neonreklamen. Alles
so hoffnungslos verlogen.

Sie war schnell fertig. Lass uns abhauen,
sagte sie.

Ja, sagte er, und sie gingen zusammen
aus der Tür.

Das angehaltene Trapez

»Ohne Glücksspiel kann ich nicht
schreiben«, sagte Saroyan zu
seiner Frau, und sie meinte:
Dann mal los.

Er verlor 350 000 Dollar
das meiste davon bei
Pferdewetten, aber er
konnte weder schreiben
noch seine Steuern
bezahlen.

Er floh vor den Behörden
und setzte sich
nach Paris ab.

Später kam er wieder
und plagte sich über die
Runden, bis zum Arsch in
Schulden – seine Bücher
brachten immer weniger
ein.

Er konnte immer noch
nichts schreiben, und wenn
dann taugte es nichts:
der ungemein tapfere Optimismus
der in der Wirtschaftskrise
allen Auftrieb gab
zerrann in den guten Jahren
einfach zu Zuckerwasser.

Er starb, eine verblasste Legende
mit einem gewaltigen Schnauzbart
wie auch sein Vater einen hatte
nach Art der alten Armenier
in Fresno. Die Welt
in der er starb
hatte für William
keine Verwendung mehr.

Auf Null

NICHTS. In einem Café, wo ich beim
Frühstück sitze. NICHTS. Die Kellnerin,
die kauenden Leute. Der Verkehr rauscht
vorüber. Unwichtig, was Napoleon tat,
was Platon sagte. Turgenjew hätte eine Fliege
sein können. Wir sind auf
Null, unsere Hoffnungen eingestampft. Wir
greifen zur Kaffeetasse, mechanisch
wie die Roboter, die uns bald
ersetzen werden. Heldenmut vor Salerno,
Blutbäder an der Ostfront – umsonst. Wir
wissen, dass wir besiegt sind. NICHTS.
Jetzt ist es nur noch ein
Weitermachen, egal wie –
das Essen kauen, die Zeitung lesen.
Wir lesen von uns. Die Nachrichten sind
schlecht. Etwas über
NICHTS.
Joe Louis lange tot. Invasion von Schlupfwespen
in Beverly Hills. Na, wenigstens
können wir dasitzen und
essen. Es war ein harter Trip.
Könnte schlimmer sein.
Schlimmer als dieses
NICHTS.

Lassen wir uns von der Kellnerin noch
Kaffee nachgießen.
Dieses *Luder!* Weiß genau, dass wir was
von ihr wollen.
Steht einfach nur da und tut
NICHTS.

Unwichtig, ob Prinz Charles vom Pferd fällt
oder dass man kaum noch einen Kolibri
sieht. Oder dass wir zu abgestumpft sind
um wahnsinnig zu werden.

Kaffee. Noch so eine Tasse
NICHTS.

Abschied von einem Magier

Sie sterben weg, einer nach dem anderen,
und auch bei mir rückt es immer näher
aber das ist mir ziemlich egal;
es ist nur so, dass ich die Zwangsläufigkeit
mit der die anderen verschwinden
nicht gelassen hinnehmen kann.

Letzten Samstag
starb einer der größten Trabrennfahrer
des Rennsports – der kleine Joe O'Brien.
Ich hatte ihn so manches Rennen
gewinnen sehen. Er hatte eine
Eigenheit: er tippte die Leinen an
und schaukelte mit dem Oberkörper
vor und zurück. Er machte es immer
auf der Zielgeraden, und es war
sehr dramatisch und wirkungsvoll …

Er war so klein, dass er die Peitsche
nicht so kräftig auflegen konnte
wie die anderen, deshalb
wippte und schaukelte er
im Sulky
und das Pferd spürte
seine Erregung, das verrückte
rhythmische Schaukeln übertrug sich
von Mensch auf Tier …
es war, als würde ein Würfelspieler
die Götter anflehen und
immer wieder erhört werden.

Ich sah Joe O'Brien
zahllose knappe Zieleinläufe
gewinnen, oft mit einer
Nasenlänge.
Er nahm ein Pferd, das sich
bei einem anderen Fahrer
nicht voll verausgabt hatte
und wenn Joe es in die
Hand nahm, reagierte das Tier
oft mit einem Ausbruch
unbändiger Energie.

Joe O'Brien war der beste Trabrennfahrer
den ich je gesehen habe
und ich habe im Lauf der Jahrzehnte
viele gesehen.
Keiner konnte einen Traber, einen
Passgänger so animieren und über die
Distanz bringen wie der
kleine Joe.
Keiner beherrschte den magischen Dreh
wie Joe.

Sie sterben weg, einer
nach dem anderen –
Präsidenten
Müllmänner
Mörder
Schauspieler
Taschendiebe
Boxer
Auftragskiller

Tänzer
Fischer
Ärzte
Köche –

aber der Verlust
eines Joe O'Brien wiegt
schwerer. Es wird schwer sein
einen Ersatz zu finden
für den kleinen Joe.

Und bei der Gedenkminute für ihn
heute Abend auf der Bahn
(Los Alamitos, 1.10.84)
als die Fahrer in ihren
Seidenblousons an der Ziellinie
einen Kreis bildeten
musste ich mich abwenden
und auf der oberen Tribüne
die Stufen raufgehen
zur Wand, damit man
meine Tränen nicht sah.

Die Chemie der Dinge

Ich fand Mary Lou immer dünn und
unattraktiv, doch die anderen Jungs
hielten sie fast alle
für eine heiße Nummer.
Meine Gleichgültigkeit hatte wohl
etwas Anziehendes für sie, und das
war vermutlich der Grund, weshalb
sie mir in der Junior Highschool
immer nachlief.

Ich war abgebrüht und ruppig
und wenn die Jungs mich fragten
»Mary Lou schon flachgelegt?«
sagte ich ihnen die
Wahrheit: »Sie langweilt mich.«

Es gab einen Chemielehrer
namens Humm. Mr. Humm trug eine
kleine Fliege und eine schwarze
Jacke, ein billiges zerknittertes
Ding, angeblich war er ein
Superhirn, und eines Tages
kam Mary Lou zu mir und sagte
Humm hätte sie nach der Stunde da-
behalten und in die Besenkammer
gezogen und geküsst und ihr am
Höschen gefummelt. »Was soll ich
bloß machen?« schluchzte sie.

»Vergiss es«, sagte ich. »Die Chemikalien
haben sein Hirn erweicht. Wir haben

eine Englischlehrerin, die sich jeden Tag
den Rock bis über die Schenkel hochzieht
und mit jedem Kerl in der Klasse
ins Bett will. Wir haben unseren Spaß
mit ihr, aber wir ignorieren sie.«

»Warum verpasst du Mr. Humm nicht
eine Abreibung?« fragte sie.

»Ich könnte, aber dann stecken sie
mich in die Stuart Hall.«

In der Stuart Hall bekam man den
Frack versohlt, es gab weder Mathe-
Englisch- und Musikunterricht
sie triezten einen mit Werkunterricht –
man musste alte Autos reparieren
die sie dann mit großem Gewinn
weiterverkauften.

»Ich dachte, dir liegt was an mir«,
sagte Mary Lou. »Kapierst du denn
nicht – er hat mich geküsst und mir
seine Zunge in den Hals geschoben und
mir an den Hintern gefasst!«

»Na«, sagte ich, »dafür haben
wir neulich in Englisch
Mrs. Lattimores Muschi gesehen.«

Mary Lou ging schluchzend weg …

Aber sie erzählte es ihrer Mutter
und Humm war geliefert und musste
den Hut nehmen, der arme
Hurensohn.

Daraufhin fragten mich die Jungs:
»Hey, wie findest du, dass Humm
deinem Girl an den
Arsch geht?«

»Bloß noch so ’n Kerl, der keinen
Geschmack hat«, antwortete ich.

Ich war abgebrüht und ruppig und
kam auf die Highschool, dieselbe
die auch Mary Lou besuchte
und im letzten Schuljahr
heiratete sie heimlich einen Typen
den ich kannte – ich hatte ihn
mehrmals unter den Tisch gesoffen
und heftig vermöbelt.

Der Kerl dachte, er hätte einen
guten Fang gemacht. Er wollte mich
als Trauzeuge. »Nee danke«, sagte ich,
»und viel Glück.«

Ich konnte nie verstehen
was sie an Mary Lou
fanden.

Und der arme Humm:
Was für ein einsamer
verkorkster alter
Furz.

Jedenfalls
schrieb ich mich am
City College ein, und die
einzige Sauerei, die
dort passierte, war
dass sie einem das Hirn
begrapschten.

Knatsch

»Ich halte es mit dir
nicht mehr aus«, sagte sie.
»Schau dich bloß mal an!«

»Hnn?« machte ich.

»*Schau* dich an! Hockst da
in dem gottverdammten Sessel!
Der Bauch hängt dir über die
Unterhose! Deine ganzen Hemden
sind voller Zigaretten-
löcher!
Alles was du *tust*, ist
dieses gottverdammte Bier
zu nuckeln, eine Flasche
nach der anderen! Was
hast du denn davon?«

»Der Schaden ist schon
angerichtet«, sagte ich.

»Was redest du denn da?«

»Kommt auf nichts an
und wir wissen, dass es
auf nichts ankommt, und
darauf kommt es an ...«

»Du bist besoffen!«

»Komm, Baby, vertragen
wir uns. Es ist ganz
leicht ...«

»Nicht für *mich!*« schrie
sie. »Nicht für
mich!«

Sie rannte ins Badezimmer
um sich zu schminken.
Ich stand auf und holte mir
noch ein Bier.
Ich saß wieder und hatte
gerade die Flasche am Mund
als sie herauskam.

»Heiliger Strohsack!« kreischte
sie. »Du bist zum *Kotzen!*«

Ich musste lachen, verschluckte
mich und prustete eine Ladung
Bier aufs Unterhemd.

»Mein Gott!« sagte sie.

Dann knallte die Tür, und
weg war sie.

Ich sah die Tür an, den
Türknauf, doch
seltsamerweise
fühlte ich mich
überhaupt nicht
allein.

Mein Freund vom Parkplatz

Das ist vielleicht einer.
Er hat einen kleinen
schwarzen Schnurrbart.
Pafft meistens eine
Zigarre.

Er hat die Angewohnheit
sich durchs Fahrerfenster
reinzulehnen, wenn er einem
den Parkschein gibt.

Bei unserer ersten Begegnung
sagte er: »Hey! Werden Sie
heut groß abräumen?«

»Vielleicht«, antwortete ich.

Beim nächsten Mal sagte er:
»Hey, Meister! Was
läuft?«

»Sehr wenig«, sagte ich.

Das nächste Mal hatte ich
meine Freundin dabei. Da
grinste er nur.

Das nächste Mal war ich
allein.

»Hey«, fragte er, »wo ist
die Kleine?«

»Ich hab sie zu Hause
gelassen ...«

»*Von wegen!* Ich wette, sie
hat Sie abserviert!«

Und das nächste Mal
kroch er fast zu mir rein:

»Wie kommt einer wie *Sie*
zu nem BMW? Ich wette, Sie
haben ne Erbschaft gemacht.
Mit Kopfarbeit haben Sie
dieses Auto nicht gekriegt!«

»Wie haben Sie das erraten?«
sagte ich.

Das ist jetzt einige Wochen her.
Ich habe ihn seither nicht mehr
gesehen. Bei einem Typen wie ihm
ist anzunehmen, dass er sich
auf was Besseres verlegt hat.

Meine erste Affäre mit einer älteren Frau

Wenn ich heute daran denke
wie ich mich von ihr
behandeln ließ
schäme ich mich, dass ich
damals so unschuldig war
aber ich muss sagen
beim Saufen konnte sie es
Glas für Glas mit mir aufnehmen
und mir wurde klar
dass all diese Jahre
ihr Leben und
ihr Gefühl für Dinge
zerstört hatten
und ich nichts anderes war
als ein Gefährte auf Zeit.
Sie war zehn Jahre älter
und schwer gezeichnet von
Vergangenheit und Gegenwart.
Sie sprang übel mit mir um,
verließ mich, ging zu
anderen Männern;
versetzte mir einen
Tiefschlag nach dem andern,
belog, beklaute mich,
ließ mich sitzen, hatte
andere Männer; aber wir
hatten auch gute Zeiten
und unsere kleine Seifenoper
endete damit, dass sie im
Krankenhaus im Koma lag
und ich saß stundenlang
an ihrem Bett und

redete mit ihr. Sie
schlug die Augen auf
und sah mich an:
»Ich hab gewusst, dass
du es bist«, sagte sie.
Und schloss die Augen.

Am nächsten Tag
war sie tot.

Zwei Jahre
trank ich danach
nur noch allein.

Das Leben auf dem Freeway

Ein sturer Idiot blockierte die Überholspur
und als er endlich Platz machte
beschleunigte ich im Freiheitsrausch
auf 140 (nicht ohne im Rückspiegel nach-
zusehen, ob unsere blau uniformierten
Beschützer hinter mir waren) –
dann hörte und spürte ich es gleichzeitig:
ein harter Gegenstand KNALLTE von unten
an den Wagen, aber da ich rechtzeitig auf der
Rennbahn sein wollte, zwang ich mich
es zu ignorieren (als würde es dadurch besser)
obwohl mir Benzingeruch in die Nase stieg.
Ich schaute auf die Tanknadel – sie *schien*
konstant …

Die Woche war schon ganz fürchterlich gewesen
aber, verstehst du, Niederlagen können
dich stärken, genau wie der Sieg dich
schwächen kann, und wenn du das Quäntchen
Glück und ein heiliges Stehvermögen hast
kommen die Götter vielleicht doch
mit der richtigen Mischung rüber …
Da stockte der Verkehr und kam zum Stehen
und jetzt roch es wirklich nach Benzin und
ich sah, wie die Tanknadel rapide ab-
sackte, und dann
hörte ich im Verkehrsfunk, dass ein Mann
3 Meilen vor mir auf der Vernon-Überführung
ein Bein überm Geländer hatte und zu
springen drohte
und da saß ich, mit einem Riss im Tank
und drohte in die Luft zu fliegen und

ringsum schrien sie mir zu, dass ich
ein Leck hätte und Benzin verlor –
ja, nickte ich zurück, ich weiß, ich
weiß …
Ich winkte sie beiseite, arbeitete mich
zur Standspur durch und dachte: die haben
mehr Angst als ich – wenn ich hochgehe
erwischt es sie vielleicht auch.

Der Stau hielt an – der Selbstmörder
überlegte noch, und meine
Tanknadel sank in den roten Bereich.
Die Pflicht, ein ordentlicher Bürger
zu sein und auf die nächste Gelegenheit
zu warten, verpuffte
ich fuhr entschlossen über einen Zement-
wulst, verbog vorne rechts die
Radaufhängung, schaffte es zur
Ausfahrt, die völlig frei war
dann runter zu einer Tankstelle am
Imperial Highway, wo ich parkte,
immer noch mit auslaufendem Benzin –
ich stieg aus, ging zum Telefon, bestellte
den Abschleppdienst, musste auch gar nicht
lange warten … dann
eine angenehme Fahrt zu meiner Werkstatt
mit einem Schwarzen, der mir merkwürdige
Geschichten von gestrandeten Autofahrern
erzählte (eine Frau, zum Beispiel, hielt
das Lenkrad derart fest umklammert, dass sie
eine Viertelstunde an ihren Fingern
zerren und auf sie einreden mussten
bis sie endlich losließ).

Nach ein paar Tagen hatte ich den Wagen
wieder, und als ich auf der Rückfahrt von der
Rennbahn bremsen wollte, ging das Pedal
nicht runter, zum Glück war ich
noch nicht auf dem Freeway
ich stellte den Motor ab, fuhr rechts ran
und sah, dass von der Verkleidung der
Lenkradsäule ein Stück runterhing und das
Bremspedal blockierte; ich riss es weg
und riss noch heftiger daran, um ganz
sicherzugehen – auf einmal quoll
ein ganzer Wust von Kabeln raus …
Scheiße.

Trotzdem, als ich den Zündschlüssel drehte
und Gas gab, sprang der Motor an
und ich fuhr los, die baumelnden Kabel
am Bein, und ich dachte: Passiert
so was auch anderen, oder bin ich
der einzig Auserwählte?
Ich entschied, dass es so war
und kam auf den Freeway, wo sich ein Kerl
in einem VW vor mich setzte und
die Fahrspur blockierte.
Ich überholte ihn rechts, den Hunde-
sohn, und war im Nu auf 120, 130, 140 …
Der Mut, dachte ich, mit dem wir
jeden Morgen aufstehen, um
wieder und wieder dasselbe
auf uns zu nehmen, ist schon
enorm.

Der Spieler

Ich hatte 40 Sieg auf das Pferd Nr. 6
es führte in der Zielgeraden mit zwei
Längen und lief ganz innen am Geländer
da gab ihm der Jockey von rechts die
Gerte – es streifte das Geländer
stürzte, warf den Jockey ab
und meine Chance war vertan.

Es war das siebte Rennen.
Ich redete mir ein, das Pferd
hätte wahrscheinlich doch noch
verloren, und ich wollte schon
gehen, aber dann
entschied ich mich für einen
Einsatz im achten und kam mit
20 Sieg auf einen 5:1 gewetteten
Gaul durch.

Im neunten setzte ich 40 Sieg
auf den zweiten Favoriten
und als die Startglocke schrillte
scheute das Pferd und ließ
den Jockey in der Startmaschine.

Ich fuhr mit der Rolltreppe
nach unten, und als ich durchs
Tor ging, fragte mich ein junger Mann
ob ich ihm einen Dollar geben
könnte – für den Bus nach Hause.

Ich gab ihm den Dollar und
sagte: »Sie sollten von hier
wegbleiben.«

»Ja«, sagte er, »ich
weiß.«

Dann ging ich Richtung Parkplatz
und tastete meine Taschen
nach Zigaretten ab:

Fehlanzeige.

Der arme Al

Ich weiß nicht, wie er es macht
aber er lernt immer nur
Frauen kennen, die
spinnen.
Er kommt nie zum Verschnaufen –
kaum ist er eine Verrückte
los, hat er schon
die nächste am Hals.

Erst wenn sie sich bei ihm
eingenistet haben und anfangen
sich mehr als komisch zu benehmen
gestehen sie ihm, dass sie mal
in der Klapsmühle waren
oder aus Familien
mit einer langen Latte
von Geisteskrankheiten
stammen.

Seine letzte
schickte er einmal die Woche
zum Psychiater:
$75 für die Dreiviertelstunde.
Nach sieben Monaten ließ sie
den Psychiater sausen
und sagte zu Al:
»Die gottverdammte Schwuchtel hat
von nichts ne Ahnung.«

Ich weiß nicht, wie die alle
an Al geraten.

Bei der ersten Begegnung, sagt er,
merkt man es noch nicht
da sind sie noch auf der Hut.
Aber nach 2 oder 3 Monaten
lassen sie sich gehen und
Al sitzt mal wieder
mit einer da.

Es wurde so schlimm
dass Al dachte, es läge
vielleicht an ihm.
Also ging er zu einem
Psychiater und erkundigte sich
und der sagte: »Sie sind
einer der vernünftigsten Menschen
die mir je begegnet sind.«

Der arme Al.

Danach fühlte
er sich schlimmer
denn je.

Der Alltag im Hotel Ecke Third Street und Vermont

Alabam war Gelegenheitsdieb
und ein hinterlistiger Mensch
und wenn ich betrunken war
kam er zu mir aufs Zimmer
und sooft ich aufstehen wollte
schubste er mich zurück.

Du Arschloch, sagte ich, du weißt
dass ich dich fertigmachen kann!

Er schubste mich wieder
in den Sessel.

Wenn ich nüchtern bin, sagte ich,
nehm ich dich
nach Strich und Faden auseinander!

Er schubste mich weiter herum.

Schließlich erwischte ich ihn mit
einem guten Schlag, direkt überm
Schläfenbein. Da machte er
einen Rückzieher und ging.

Ein paar Tage danach
rächte ich mich an ihm
indem ich seine Freundin bumste.

Anschließend ging ich runter und
klopfte an seine Tür.
So, Alabam, grade eben hab ich deine
Freundin gefickt, und jetzt
nehm ich dich auseinander!

Der arme Kerl fing an zu heulen. Er
schlug die Hände vors Gesicht und
schluchzte.

Ich stand da und sah ihm zu.

Und sagte: Tut mir leid,
Alabam.

Ich ließ ihn da sitzen und ging
zurück auf mein Zimmer.

Wir hingen alle an der Flasche
und keiner hatte Arbeit. Wir
hatten nur
einander.

Oder nicht mal das: Meine sogenannte
Freundin trieb sich in einer Bar
oder sonst wo herum. Ich hatte sie
seit Tagen nicht mehr gesehen.

Ich hatte noch eine Flasche
Portwein. Die entkorkte ich und
ging damit runter zu Alabam.

Wie wärs mit'm Drink, Südstaatler?
sagte ich.
Er schaute hoch, stand auf und
holte zwei Gläser.

Müll

Ich hatte mich mit einem wahren Stier
angelegt und fürchterliche Prügel
bezogen, und um den Girls und sich selbst
was zu beweisen, und weil er schier platzte
vor brutaler Energie, hatte er mich
fast umgebracht.

Später erfuhr ich, dass er mir
noch ein paar Mal
gegen den Kopf getreten hatte,
als ich schon bewusstlos war;
dann hatte er
mehrere Mülltonnen über mir ausgeleert
und mich in der Gasse liegen lassen.
Ich war der Fremde, von auswärts.

Es war ein Sonntag, gegen 6 Uhr
morgens, als ich wieder zu mir kam.
Mein Gesicht war eine Masse aus
Schürfwunden, Krusten, Blutergüssen
Striemen und Beulen, meine Lippen
dick und taub, meine Augen fast zu-
geschwollen, aber ich
rappelte mich auf und machte
mich auf den Weg, zurück zu
meiner Bude. Unterwegs sah ich
schemenhaft die Sonne, Häuser, den
schlingernden Gehsteig; dann
hörte ich ein schlurfendes Geräusch
von der Mitte der Straße – ich kniff
die Augen zusammen und sah
einen Mann, blutverschmiert, torkelnd,

mit zerrissenen Kleidern; er roch
nach Tod und Finsternis, aber er
mühte sich voran, mitten auf der Straße
als hätte er schon Meilen zurückgelegt
auf der Flucht vor etwas so Grässlichem
dass der Verstand sich weigerte, es als
Teil des Lebens zu akzeptieren.
Ich verließ den Gehsteig, um ihm
zu helfen, und ging auf ihn zu.
Er sah mich nicht. Er schlurfte vorwärts,
bloß weiter, irgendwohin, egal
wohin. Das eine Auge hing ihm raus
und baumelte hin und her.
Ich prallte zurück.
Er war wie ein fremdes Wesen, nicht von
dieser Welt. Ich drehte mich um
und hörte, wie er sich hinter mir
entfernte – diese blinden
strauchelnden Schritte,
qualvoll,
sinnlos
allein.

Ich ging zurück auf den Bürgersteig
schaffte es bis zu meiner Bude
und zum Bett, ließ mich fallen;
lag auf dem Rücken; starrte
an die Decke. Und wartete.

Parkplatz für eine Schnapsleiche

Wenn ich es in der Kneipe nicht mehr
aushielt (und das kam schon mal vor)
hatte ich einen Ort, an den ich
ausweichen konnte: Es war
ein verwahrloster Friedhof,
überwuchert von hohem Gras.
Ich sah darin keinen morbiden
Zeitvertreib. Es schien mir einfach
der beste Ort zu sein, wo ich
auf angenehme Weise meinen
mörderischen Kater auskurieren konnte.
Durchs Gras sah ich die Grabsteine
und viele standen so schief
dass man dachte, sie würden der
Schwerkraft folgen und gleich
umkippen; doch obwohl sie in
rauen Mengen herumstanden, sah ich
nie einen fallen.
Es war kühl und schattig
eine leichte Brise wehte
und oft schlief ich dort ein.
Ich wurde nie
behelligt.

Wenn ich nach einiger Zeit
wieder in die Kneipe kam
war es jedes Mal dasselbe:
»Wo zum Teufel bist du
gewesen? Wir dachten
du bist gestorben!«

Ich war ihr Kneipenkasper.
Sie brauchten mich
um sich besser zu fühlen.
So wie ich ab und zu
diesen Friedhof
brauchte.

Zerfall

In letzter Zeit habe ich
zunehmend den Eindruck
dass dieses Land
4 oder 5 Jahrzehnte
zurückgefallen ist
und der ganze soziale
Fortschritt, die guten Gefühle
von Mensch zu Mensch
verdrängt würden
von dem immer gleichen
bigotten Muff.

Mehr denn je
erleben wir die
egoistischen Ansprüche
der Macht und die
kalte Schulter für
die Schwachen
die Alten
die Opfer von
Armut und
Not.

Menschliche Bedürfnisse
ersetzen wir durch
Krieg, Seelenheil
durch Sklaverei.

Wir haben das Erreichte
verspielt und sind rapide
verarmt.

Wir haben unsere
Bombe. Sie ist
unsere Angst
unsere Verdammnis
und unsere
Schande.

Was jetzt von uns
Besitz ergriffen hat
ist so deprimierend
dass es uns den
Atem nimmt und
jeden Aufschrei
erstickt.

Ein Abstecher nach Tijuana

Meine erste Erfahrung mit einem
Bordell machte ich in Tijuana.
Es war ein großer Laden am
Stadtrand. Ich war 17
und hatte zwei Freunde
dabei. Wir tranken uns
Mut an, ehe wir reingingen.
Die Bude war voll mit
Soldaten, die meisten
von der Marine.
Die Matrosen standen
in langen Schlangen an,
grölten, hämmerten an die Türen.

Lance reihte sich in eine
kurze Schlange ein (daran
erkannte man das Alter der Hure:
je kürzer die Schlange
desto älter die Hure).
Er brachte es hinter sich
und kam keck und grinsend
wieder raus: »Na? Auf was
wartet ihr noch?«

Der andere, Jack, gab mir
die Tequilaflasche. Ich nahm
einen Schluck, gab sie ihm
zurück, und er trank
auch noch was. Lance
warf uns einen Blick zu
und sagte: »Ich leg mich
ins Auto und schlaf
mich aus.«

Jack und ich warteten
bis er weg war. Dann
verdrückten wir uns in
Richtung Ausgang.
Jack trug einen großen
Sombrero.
Direkt neben dem Ausgang
saß eine alte Hure. Sie
streckte ihr Bein aus und
versperrte uns den Weg:
»Kommt, Jungs, ich besorgs
euch *gut!* Und *billig!*«

Irgendwie packte Jack
das große Grausen. »O Gott«,
sagte er, »ich muss
kotzen!«

»Aber nicht auf den Boden!«
schrie die Hure.
Da riss sich Jack den
Sombrero runter und
reiherte hinein.
Müssen gut vier Liter
gewesen sein.

Danach stand er wie
angewurzelt da und starrte
die Soße an, und die Hure
sagte: »Hau bloß ab, du!«

Jack rannte mit seinem Sombrero
aus der Tür, und dann sah mich
die Hure sehr freundlich an
und sagte *»billig!«* und ich
ging mit ihr aufs Zimmer. Dort
saß ein großer fetter Kerl
in einem Sessel, und ich
fragte sie: »Wer ist denn
das?«
»Der passt auf, dass mir
nichts passiert«, sagte sie.

Ich ging zu dem Mann
und sagte: »Hey, wie
gehts'n so?«

Und er sagte: »Gut,
Señor …«

Und ich fragte:
»Sind Sie von
hier?«

Und er sagte: »Gib
ihr das Geld.«

»Wie viel?«

»Zwei Dollar.«

Ich gab der Dame
die zwei Dollar
und ging zurück
zu dem Mann.

»Eines Tages komm ich
vielleicht nach Mexiko
und lebe hier«, sagte
ich.

»Sieh zu, dass du
verschwindest!«
sagte er.
»LOS!«

Als ich unten aus der
Tür kam, erwartete mich
Jack – ohne seinen
Sombrero, aber immer noch
betrunken schwankend.

»Mensch«, sagte ich, »die war
Spitze. Sie hat sogar
meine Eier gelutscht.«

Wir gingen zum Auto.
Lance war eingeschlafen.
Wir weckten ihn auf
und er fuhr uns von da
weg.

Irgendwie kamen wir
durch die Grenzkontrolle
und auf der ganzen Fahrt
nach Los Angeles
triezten wir Jack, weil er
gekniffen hatte und noch
Jungfrau war.

Lance hielt sich zurück
ich aber verhöhnte Jack
lauthals als Feigling und
hörte nicht eher auf
bis ihm in der Nähe von
San Clemente
die Augen zufielen.

Ich saß vorne bei Lance
und wir ließen die
letzte Flasche Tequila
hin und her gehen.

Als Los Angeles auf uns
zurauschte
fragte Jack: »Wie
wars denn?«
Und ich antwortete
großspurig: »Hab
schon bessere
erlebt.«

Komischer Kauz

Schopenhauer konnte seine Mitmenschen
nicht ausstehen, sie gingen ihm
auf die Nerven; aber er konnte
sich sagen: »Wenigstens bin ich
nicht wie sie.« Das war ihm
ein gewisser Trost. Ich glaube
zu seinen lustigsten Sachen
gehört die Tirade gegen einen Mann
der sein Pferd absolut vergeblich
mit Peitschenknallen antrieb
und dadurch einen Gedanken
komplett ruinierte, der Arthur
gerade durch den Kopf ging.

Klar, der Mann mit der Peitsche
war Teil des Ganzen, auch wenn es
noch so überflüssig und blöd
erscheint, und auch große Gedanken
werden mit der Zeit oft überflüssig
und stupid.

Doch Schopenhauers Wutausbruch
war so wunderbar treffend, dass ich
laut herauslachte. Dann
legte ich ihn ab
neben Nietzsche
der auch nur
allzu menschlich
war.

Cafeteria

Ich trank einen Kaffee
am Tresen, als mich ein Mann
der 3 oder 4 Hocker weiter
saß, fragte: »Sagen Sie,
sind Sie nicht der
der neulich abends
drüben in dem Hotel
kopfüber aus einem
Fenster im vierten Stock
hing?«

»Ja«, sagte ich, »das
war ich.«

»Warum haben Sie das
gemacht?« fragte er.

»Tja, das ist eine
längere Geschichte …«

Da schaute er dann
weg.

Die Kellnerin, die
dabeistand, fragte mich:
»Das hat er nur aus
Blödsinn gesagt, nicht?«

»Nein«, sagte
ich.

Ich bezahlte, stand
auf, ging zur Tür
und im Rausgehen
hörte ich den Mann
sagen: »Der Kerl
spinnt.«

Auf der Straße
ging ich Richtung
Norden und
fühlte mich
seltsam
geehrt.

Kletten

An einem Punkt in meinem Leben
lernte ich einen kennen
der behauptete, er hätte
Ezra Pound im St. Elizabeth-
Hospital besucht.

Dann lernte ich eine Frau
kennen, die behauptete, sie
hätte E. P. nicht nur besucht
sondern auch mit ihm geschlafen.
Sie zeigte mir sogar gewisse
Passagen in den *Cantos*
die angeblich von ihr
handelten.

Jetzt kannte ich also schon zwei.
Und die Frau sagte mir
Pound hätte nie einen Besuch
von diesem Mann erwähnt
und dieser Mann behauptete
die Frau würde bloß angeben
und hätte nie etwas mit dem
Meister zu tun gehabt.

Da ich kein Pound-Spezialist war
wusste ich nicht, wem ich
glauben sollte. Aber eins
weiß ich: Solange einer lebt
erfinden manche eine Beziehung
zu ihm, die in Wirklichkeit
nicht existiert; doch wenn er

tot ist – nun ja, dann kann
jeder behaupten, was er will.

Ich vermute, dass Pound
weder die Dame noch diesen
Herrn gekannt hat. Sollte
er sich aber mit einem
oder allen beiden
abgegeben haben
dann hat er seine Zeit
im Irrenhaus schändlich
verplempert.

Die letzte Vorstellung

Ach Gott, er ist wieder besoffen
und erzählt die gleichen alten
Geschichten immer wieder
und sie wollen noch eine hören
und noch eine – manche haben
nichts Besseres zu tun, andere
machen sich heimlich lustig
über den berühmten Autor
wie er schwafelt und
in seinen kleinen weißen
Rattenbart sabbert, vom
Krieg erzählt, von den Kriegen
den tapferen Fischen
den Stierkämpfen, sogar
von seinen Ehefrauen.

Abend für Abend kommen sie
in die Bar und wollen die
gleiche alte Show sehen
die er eines Tages
allein
beenden wird
indem er sich das Hirn
an die Wände pustet.

Der Preis, den einem
ein Buch abverlangt
ist nie zu hoch

der Preis für das
Zusammenleben
mit den anderen
immer.

Künstlerpech

Ich schrieb jede Woche drei
Kurzgeschichten und schickte sie an
Atlantic Monthly, aber sie
kamen alle zurück. Mein ganzes
Geld ging für Briefmarken, Umschläge
Papier und Wein drauf
und ich magerte so ab
dass sich meine Backen, wenn ich sie
einsog, über der Zunge trafen
(und da musste ich an Hamsuns *Hunger*
denken – die Stelle, wo er sein eigenes
Fleisch isst; ich biss mir mal einen
Fetzen aus dem Handgelenk, aber
es schmeckte sehr salzig).

Jedenfalls, eines Abends in Miami Beach
(keine Ahnung, was ich dort eigentlich
wollte) hatte ich seit 60 Stunden
nichts mehr gegessen, kratzte meine
letzten Hungerleider-
pfennige zusammen
ging in den Laden an der Ecke
und kaufte mir eine Packung
Brotschnitten. Ich nahm mir vor
jede Schnitte langsam zu kauen
als wäre es eine Scheibe Truthahn-
braten oder ein saftiges
Steak.

Als ich wieder in meinem Zimmer war
und die Packung aufriss, waren die
Schnitten grün verschimmelt. Es
sollte nichts werden aus meinem
Festmahl.

Ich warf das Brot auf den Boden
setzte mich aufs Bett und
betrachtete den
grünen Schimmel, die Fäulnis;
dachte daran, dass meine Miete
fällig war; hörte auf die
Geräusche der anderen Mieter
in der Pension; und auf dem
Boden lagen die paar Dutzend
Storys mit den paar Dutzend
Ablehnungsbescheiden von
Atlantic Monthly.

Es war noch früh am Abend.
Ich knipste das Licht aus
legte mich ins Bett, und es
dauerte nicht lange, da hörte
ich die Mäuse. Sie huschten
über meine unsterblichen Storys
und fraßen das grüne
verschimmelte Brot.

Als ich am Morgen aufwachte
sah ich, dass von dem ganzen Brot
nur noch das grüne Schimmelzeug
übrig war – sie hatten bis dicht
an den Rand gefressen und
da und dort lag noch ein Stück
verschimmelte Rinde zwischen den
Storys und Ablehnungsbescheiden.

Hinten im Flur hörte ich den
Staubsauger meiner Wirtin
der links und rechts anstieß
und sich langsam meiner Tür
näherte.

Tod eines Vorbilds

Von allen Schriftstellern, die ich kannte
war er der einzige, den ich bewunderte
und als ich ihn kennenlernte, lag er
im Sterben.

Zu Bewunderung lassen wir uns in dieser
Branche nicht hinreißen – auch nicht,
wenn's einer sehr gut bringt – aber
bei J. F. hatte ich dieses Problem nie.
Ich besuchte ihn mehrere Male im
Krankenhaus – ich traf ihn immer allein
an – und wenn ich zu ihm reinkam
war ich mir nie sicher, ob er
nur schlief oder …

»John?«

Da lag er ausgestreckt auf dem Bett,
blind, beinamputiert: Schwerer Fall
von Diabetes.

»John, ich bins – Hank.«

Dann reagierte er, und wir redeten
eine Weile, d. h. meistens redete er
und ich hörte zu. Schließlich war er
unser Vorbild, unser Gott:
Ask the Dust
Wait Until Spring, Bandini
Dago Red
und all die anderen.

Dass er in Hollywood landete
und Drehbücher schrieb, das
war sein Tod.

»Das Schlimmste«, sagte er mir,
»ist Verbitterung. Die Menschen
werden am Ende so verbittert.«

Er war es nicht. Obwohl er
allen Grund dazu hatte …

Bei der Beerdigung traf ich
einige seiner Drehbuch
schreibenden Kollegen.

»Wir sollten alle zusammen
etwas über John schreiben«,
schlug einer von ihnen vor.

»Ich glaube nicht, dass ich das
kann«, sagte ich ihnen.

Natürlich schrieben sie
nie ein Wort.

Glenn Miller

Lange her …
Gegenüber vom Campus
in der Milchbar
lief die Musikbox
und die Mädchen tanzten
perfekt im Swingrhythmus
mit den Footballspielern
und den Einserschülern vom
College.

Glenn Miller war damals total
angesagt, und alle
tanzten dazu. Fast alle –
ich saß mit zwei Jüngern herum
wir sollten eigentlich die
Abtrünnigen sein, die Wahrheits-
sucher, aber ich mochte die Musik
und das faule Herumsitzen
während Hitler seine Reden schwang
und die Welt mit Karacho auf
einen Krieg zusteuerte.
Die Girls drehten sich elegant
und zeigten Bein und
wir wärmten uns im letzten
strahlenden Sonnenschein
und verdrängten alles andere
während das Universum
sein Maul aufriss
um uns alle zu
verschlingen.

Emily Bukowski

Meine Großmutter besuchte
zu Ostern immer die Frühmesse
und ging zu jeder Rose Bowl
Parade.

Sie ging auch gern an den
Strand, setzte sich auf
eine der Bänke dort und
schaute hinaus aufs Meer.

Kino hielt sie für
Sünde.

Sie lud sich den Teller voll
und aß enorme Mengen.

Sie betete ständig
für mein Seelenheil.

»Armer Junge, der Teufel
hat dich in der Gewalt.«

Von ihrem Mann sagte sie auch
er hätte den Teufel in sich.

Sie waren nicht geschieden
lebten aber getrennt
und hatten einander
schon fünfzehn Jahre
nicht mehr gesehen.

Krankenhäuser hielt sie
für Unfug. Sie
brauchte keine.
Ärzte auch nicht.

Mit 87
starb sie eines
Abends, als sie
gerade
ihren Kanarienvogel
fütterte.

Wenn sie das Futter
in den Käfig streute
machte sie gern
piepsige Vogellaute
dazu.

Sie war nicht besonders
interessant, aber das
sind ja die wenigsten.

Invasion

Ich wusste nicht
dass in der Abstellkammer
etwas war.
Zwar weckte mich
in manchen Nächten ein
eigenartiges Rumpeln
doch ich dachte immer
es sei ein leichtes Erdbeben.

Die Abstellkammer
war hinten im Flur
und wurde selten benutzt.

Merkwürdig fand ich nur
dass meine Katzen
(ich hatte vier)
überall große Köttel
zu hinterlassen schienen
obwohl sie eigentlich
stubenrein waren.

Dann
verschwanden
die Katzen
eine nach
der anderen.
Aber frische
Köttel fand ich
nach wie
vor.

Eines Abends
als ich gerade
den Börsenbericht las
schaute ich
hoch

und da
stand die
Löwin
in der offenen
Schlafzimmertür.

Ich saß
im Bett
hatte mir
zwei Kissen
in den Rücken
gestopft und
trank eine
Tasse Kakao.

Also
eine Löwin
im Schlafzimmer
das hält niemand
für möglich –
jedenfalls nicht
in einer größeren
Stadt –
deshalb schaute
ich einfach hin
und hielt es
für unmöglich.

Dann
drehte sich
die Löwin um
und ging die
Treppe runter.

Ich folgte ihr
in gut 5 Meter
Abstand, in der
einen Hand meinen
Baseballschläger,
in der anderen
mein 10 cm langes
Messer.

Ich sah ihr nach
wie sie die Treppe
runter und durchs
Wohnzimmer ging.

Vor den großen
Schiebetüren aus
dickem Glas an der
Garten- und Straßenseite
blieb sie stehen:
Sie waren geschlossen.

Die Löwin gab ein
dumpfes Knurren von sich
und sprang mit einem Satz
durch die berstenden
Scheiben hinaus in die
Nacht.

Ich saß im Dunkeln
auf der Couch
und konnte immer noch
nicht fassen, was ich
gesehen hatte.

Dann hörte ich
einen so wahnsinnigen
Angstschrei
dass ich für einen Augenblick
weder sehen noch atmen
oder begreifen konnte.

Ich stand auf und
wollte mich im
Schlafzimmer
verbarrikadieren
da kamen mir
auf der Treppe
3 Löwenjunge
entgegen –
niedliche
teuflische
Katzen

und durch die
zersplitterte Glas-
tür kehrte die Löwin
aus der Nacht zurück
und schleifte einen
blutenden Mann herein
der auf dem Teppich
eine rote Spur
hinterließ.

Ihre Jungen
stürzten sich darauf
und der Mond
stieg auf und
erhellte das
wirbelnde
Festmahl.

Harte Zeiten

Als ich unten am Hafen
aus dem Auto stieg
kamen zwei Männer auf mich
zu.
Der eine sah alt und
hartgesotten aus, der andere
war groß und lächelte. Beide
hatten Mützen auf dem Kopf.
Sie kamen näher. Ich
machte mich auf was
gefasst.

»Stört euch was?«

»Nein«, sagte der ältere.
Sie blieben stehen.
»Erinnern Sie sich nicht
an uns?«

»Bin mir nicht sicher …«

»Wir haben Ihr Haus angestrichen.«

»Ach ja, richtig … kommt, ich spendier
euch ein Bier …«

Wir steuerten das nächste Lokal an.

»Sie waren einer der besten Typen
für die wir bis jetzt gearbeitet haben.«

»Ja?«

»Ja. Sie haben uns laufend
mit Bier versorgt.«

Wir setzten uns an einen der
blanken Holztische mit
Blick auf den Hafen.
Wir nuckelten an unserem Bier.

»Leben Sie immer noch mit
der jungen Frau zusammen?«
fragte der ältere.

»Ja. Wie läufts bei euch?«

»Gibt im Moment keine Arbeit …«

Ich holte zehn Dollar raus und
gab sie dem Alten.

»Hab neulich euer Trinkgeld vergessen …«

»Danke.«

Wir saßen da mit unserem Bier.
Die Konservenfabriken hatten
dichtgemacht. Todd Shipyard
stand kurz vor dem Bankrott
und entließ die Belegschaft.
San Pedro war wieder in den
dreißiger Jahren angelangt.

Ich trank mein Bier aus.

»Tja, Jungs, ich muss wieder.«

»Wo wollen Sie hin?«

»Fisch kaufen …«

Ich ging in Richtung Fischmarkt
drehte mich auf halbem Weg um
und machte ihnen mit der
rechten Hand das Zeichen –
Daumen nach oben.

Sie nahmen die Mützen ab und
schwenkten sie.
Ich lachte, drehte mich um
und ging davon.

Manchmal weiß man kaum noch
wie man sich verhalten
soll.

Die Klinge

Bei dem Postamt, wo ich in der
Nachtschicht arbeitete, konnte man
nirgends parken, aber ich entdeckte
einen idealen Platz (niemand schien
dort parken zu wollen) – einen
Sandweg hinter einem Schlachthof.
Wenn ich dort kurz vor Arbeits-
beginn in meinem Wagen saß und
eine letzte Zigarette rauchte
wurde mir jeden Abend
kurz vor dem Dunkelwerden
die gleiche Szene geboten:
Ein Mann lockte mit Grunzlauten
die Schweine aus den Koppeln
dann schwenkte er eine Zeltplane
und trieb die Tiere auf einen
Laufsteg, und sie rannten
in wildem Galopp den Steg hinauf,
der wartenden Klinge entgegen.
So manchen Abend, wenn ich mir
das angesehen und meine Zigarette
zu Ende geraucht hatte, ließ ich
einfach wieder den Motor an
setzte rückwärts raus
und fuhr von meinem Job
weg.

Mein Schwänzen nahm so
erstaunliche Ausmaße an, dass ich
mich gezwungen sah
unter einigen Kosten

hinter einer Chinesenbar
zu parken, wo ich nichts als
kleine geschlossene Fensterläden sah
und eine Neonreklame für
irgendein fernöstliches
Getränk.

Weniger krasse Wirklichkeit.
Genau das was ich
brauchte.

Verstolpert

Ich hatte den grauen
Schecken, 4:1 gewettet
der bekannt für seinen
schnellen Antritt war. Drei Viertel
die Zielgerade runter
lag er anderthalb Längen vorn
da knickte sein linker
Vorderlauf um
er stürzte und
der Jockey segelte
kopfüber in den Sand.
Zum Glück konnte das Feld
den beiden ausweichen.
Der Jockey stand auf
und humpelte von dem
kickenden Tier davon.

Unfallpotenzial:
das ist etwas
was in der Turfzeitung
nicht angegeben wird.

Im Klubhaus
sah ich Harry
in einer Ecke
stehen.
Er war Agent für
einen Jockey gewesen
arbeitete jetzt
als Trainer
bekam aber
nicht viele Pferde
zu trainieren.

Er hatte seine
Sonnenbrille auf
und sah
grässlich aus.

»Hast du auch auf
den Grauen gesetzt?«
fragte ich.

»Ja«, sagte er,
»schwer …«

»Du brauchst ne Transfusion.
Hier – ist nicht viel, aber …«

Ich steckte ihm
drei gefalzte Zwanziger
in die Jackentasche.

»Danke«, sagte er.

»Setz es auf ’n guten Gaul.«

Harry hatte mir
manchen Gefallen getan
außerdem war er
einer der Besten
und rackerte sich ab
für einen Zipfel vom Glück
in einer der blutigsten
Branchen weit und breit:

Wir versuchen
einen Treffer zu landen
und jeden Tag
müssen einige fallen
damit andere
weiterkommen.
(Auf der Rennbahn ist es
dasselbe wie überall
nur dass es hier meistens
viel schneller geht.)

Ich ging an die Theke
und holte mir einen Kaffee
Das nächste Rennen
gefiel mir. Es ging
über 1200 Meter und war
besetzt mit Pferden
die seit zwei Rennen
ohne Sieg waren.

Ein anständiger Treffer
würde mich mit den
Göttern versöhnen
und mit Glanz und Gloria
alles wieder einrenken …

Die Reichen im Abendprogramm

Zärtlich ist die Nacht
konnte ich nie lesen
aber jetzt bringen sie's
als Mehrteiler im Fernsehen
es läuft schon einige Abende
und ab und zu habe ich
den Reichen mal zehn Minuten
bei ihren Problemen zugesehen:
wie sie in Nizza an ihren
Strandkörben lehnen oder
mit einem Drink in der Hand
durch ihre Zimmerfluchten
schlendern und philosophische
Statements absondern
oder sich daneben benehmen
bei der Dinner-Party oder
dem Dinner-Tanz –
sie haben keine
Ahnung, was sie mit sich
anfangen sollen:
Schwimmen?
Tennis?
Eine Fahrt die Küste
rauf? Die Küste
runter?
Neue Bettgefährten
finden? Alte
sausen lassen?
Oder rumficken mit
den Künsten
und den Künstlern?

Sie haben nichts, was sie
Anstrengung kostet; deshalb
haben sie auch nichts, wofür
sie sich anstrengen können.

Stimmt schon, die Reichen
sind anders …

Aber das sind
der Ringelschwanz-
maki und der
Sandfloh
auch.

Zwei Zecher

Ich sehe uns noch
wie wir damals
sturzbetrunken am
Fluss saßen und
Verse schmiedeten.
Wir wussten, dass es
völlig sinnlos war
aber es gab uns was
zu tun und verkürzte
das Warten.

Die Kaiser
mit ihren ängstlichen
Gesichtern aus Ton
sahen uns beim
Trinken zu.

Li Po zerknüllt
seine Gedichte
zündet sie an und
lässt sie den Fluss
runterschwimmen.
»Was machst du denn?«
frage ich ihn.

Li reicht mir die
Weinflasche: »Sie
vergehen ja doch,
ganz gleich,
was geschieht …«

Ich trinke auf seine
Weisheit, gebe ihm
die Flasche zurück
und sitze eisern
auf meinen Gedichten
die ich mir halb
in die Arschfalte
gestopft habe.

Ich helfe ihm
noch ein paar
von seinen Gedichten
anzuzünden.

Sie treiben schön
den Fluss hinunter
und erhellen die
Nacht, so wie es sich
für gute Gedichte
gehört.

Mein alter Freund

Als 21jähriger in New Orleans
hatte ich nicht viel vorzuweisen.
Nur ein kleines dunkles Zimmer
das nach Pisse und Tod stank.
Trotzdem wollte ich es nicht
verlassen. Hinten im Flur
wohnten zwei lebenslustige Girls
die immer an meine Tür klopften
und riefen: »Steh auf! Hier draußen
gibts was Gutes!«

»Haut ab«, sagte ich, aber das
spornte sie nur an. Sie schoben mir
Zettel unter der Tür durch und
klebten mir mit Scotchtape
Blumen an den Türknauf.

Ich hatte es mit Wein und grünem
Bier und *dementia* ...

Ich freundete mich mit dem Alten
im nächsten Zimmer an. Irgendwie
fühlte ich mich so alt
wie er. Seine Füße
und Knöchel waren geschwollen.
Er konnte die Schuhe
nicht mehr zubinden.

Gegen ein Uhr mittags machten wir
jeden Tag einen Spaziergang. Es
ging sehr langsam – jeder Schritt
war eine Anstrengung für ihn.

An Bordsteinen half ich ihm
rauf und runter. Ich packte ihn
am Ellbogen und hinten am
Gürtel. Wir schafften es.

Ich mochte ihn. Er wollte
nie wissen, was ich
machte.

Ihn hätte ich mir als Vater
gewünscht. Am besten
gefiel mir, dass er immer
sagte: »Nichts ist es
wert.«

Er war ein
Weiser.

Diese beiden Mädchen
hätten ihm die Zettel
und die Blumen
geben sollen.

Danke

Manche wollen, dass ich weiter
über Huren und Kotzerei schreibe.

Andere sagen, sie fänden so etwas
unappetitlich.

Gut, mir fehlen die
Huren nicht

obwohl gelegentlich die eine oder andere
versucht, mich ausfindig zu machen.

Ich weiß nicht, ob sie all den Alkohol
vermissen und das bisschen Geld
das ich ihnen gab

oder ob sie hingerissen sind
weil ich sie literarisch
verewigt habe.

Jedenfalls müssen sie jetzt mit dem
auskommen, was sie an Männern so
auftreiben können.

Die armen Schätzchen hatten keine
Ahnung – und ich auch nicht –
dass diese furchtbaren bedröhnten Nächte
einmal Stoff abgeben würden

wie ihn selbst Dostojewski
nicht verschmäht hätte.

Feierabend

Du reißt das Tischtuch
mit den vollen Tellern weg
zerdepperst die Fenster
läutest den Idioten die
Totenglocke
sprichst entsetzliche
Wahrheiten aus und
jagst die ganze Bande
aus der Tür –
dann kommt der große
friedliche Augenblick
wo du alleine dasitzt
und dir in Ruhe
einen Drink eingießt.

Die Welt ist besser
ohne die anderen.

Pflanzen und Tiere, das sind
die einzig wahren Gefährten.

Ich trinke auf sie
und mit ihnen.

Sie warten, während ich
ihre Gläser fülle.

Kein Federlesen

Faulkner liebte seinen Whisky
und wenn man das Schreiben
dazunimmt, blieb ihm
für anderes nicht mehr
viel Zeit.

Briefe machte er
meistens gar nicht
auf.

Er hielt sie nur
ans Licht

und wenn kein
Scheck drin
war

schmiss er sie
in den Papier-
korb.

Die Verwandlung

Ich lebe mit einer Frau und vier
Katzen zusammen, und an manchen Tagen
kommen wir alle gut miteinander aus.

An manchen Tagen habe ich Krach
mit einer der
Katzen

an anderen Tagen hab ich Krach
mit zwei von
ihnen

an anderen
mit drei.

Und manchmal habe ich Krach mit
allen vier Katzen

und mit der
Frau:

Dann sehen mich zehn Augen an
als wäre ich ein Hund.

Katze bleibt Katze

Um zwei Uhr früh
klatscht sie in die
Hände und pfeift
den Katzen
während ich hier
sitze und meinen
Beethoven höre.

»Sie stöbern nur
draußen rum«, sag ich ihr.

Beethoven rasselt majestätisch
mit seinen Knochen

aber den verdammten Katzen
ist alles völlig
egal

und wenn es
nicht so wäre
hätte ich sie nicht mehr
so gern:

Was sich menschlichem
Verhalten annähert
verliert seinen
natürlichen Reiz.

Nichts gegen
Beethoven:

Für seine
Verhältnisse
machte ers
ganz gut.

Aber ich würde
ihn nicht auf meinem
Teppich haben wollen,
ein Bein steil
über den Kopf
gereckt, während
er sich
die Eier leckt.

Fort

Es verschwand wie die Ladys
von einst, als ich die Tür
zum Zimmer öffnete und sah:
Bett
Kopfkissen
Wände.

Ich verlor es
ich verlor es irgendwo
als ich die Straße langging
oder Gewichte stemmte
oder einen Umzug beobachtete.
Ich verlor es, als ich mir
einen Ringkampf ansah
oder am Mittag eines Smog
vernebelten Tages an einer
roten Ampel wartete.

Ich verlor es, als ich eine
Münze in die Parkuhr steckte.

Ich verlor es
während die streunenden
Hunde schliefen.

In die Vollen

Er war ein ekelhafter Mensch
dauernd wischte er sich den Rotz
am Ärmel ab und furzte auch noch
in regelmäßigen Abständen, er war
ungekämmt
ungehobelt
unerwünscht.
Jedes dritte Wort von ihm
war eine krasse Entgleisung
beim Grinsen bleckte er
schiefe gelbe Zähne
sein Atem stank gegen
jeden Wind
er kratzte sich ständig
mit der linken Hand am Sack
und hatte immer einen schweinischen
Witz auf Lager. Ein Arschloch
der übelsten Sorte.
Alle gingen ihm
aus dem Weg.

Bis er sechs Richtige im Lotto
erwischte.

Jetzt solltet ihr ihn mal
sehen: Dauernd eine lachende
junge Dame an jedem Arm,
speist in den teuersten
Lokalen, die Kellner
kloppen sich darum
ihn an ihren Tisch zu kriegen

er rülpst und furzt sich
den Abend um die Ohren
verschüttet seinen Wein
isst sein Steak mit den
Fingern. Für seine
Begleiterinnen ist er
»originell« und »der lustigste
Mensch, der mir je begegnet ist«
und was sie im Bett mit ihm
anstellen, treibt einem die Schamröte
ins Gesicht.

Allerdings sollte man nicht
vergessen, dass 50% der Lotterie-
einnahmen dem Bildungswesen
zugute kommen, und
das ist wichtig
wenn man bedenkt
dass nur jeder Neunte
weiß, wie man
»emulously«
schreibt.

Die schrumpfende Insel

Ich arbeite daran, während
draußen der Tag dämmert …

Um 3.34 Uhr hätte ich es fast
gehabt, aber es entglitt mir
wie ein raffiniertes Silber-
fischchen …

Jetzt
während die Morgendämmerung zu mir
hereinkriecht wie der
gottverdammte Tod
gebe ich den Kampf auf
stemme mich hoch
gehe Richtung Klo
knalle gegen eine Wand
gebe ein jämmerliches quäkendes
Lachen von mir
knipse das Licht an
und pisse – ja, nicht
daneben … dann
zieh ich die Spülung
und denke: Wieder
eine Nacht rum.
Naja, wenigstens haben
wirs ein bisschen
krachen lassen.

Ich wasche mir
die Pfoten
knipse das Licht
aus und geh ins

Schlafzimmer, wo sie
einen Augenblick
wach wird und sagt:
»Tret nicht auf die
Katze.«

Das bringt mich wieder
auf den Teppich. Ich
taste mich zum Bett
leg mich rein
Gesicht zur Decke:
ein gestrandeter
betrunkener
fetter
alter
Mann.

Zauberkasten

Ich mochte die alten Schallplatten
die kratzten, wenn die Nadel
durch die ausgeleierten Rillen
glitt. Die Stimme kam
aus dem Trichter
als säße jemand
in dem Mahagoni-
kasten drin.

Aber ich hörte mir die Platten
nur an, wenn meine Eltern
nicht da waren. Und wenn ich
vergaß, das Grammofon
aufzuziehen, schlaffte es ab
und blieb stehen.

Am späten Nachmittag
war es am besten, und die
Platten erzählten von Liebe.
Liebe, Liebe, Liebe.
Manche hatten ein herrlich
purpurrotes Etikett
andere hatten orangene, grüne,
gelbe, rote, blaue.
Das Grammofon hatte meinem
Großvater gehört. Er hatte sich
dieselben Platten angehört. Jetzt
hörte sie sein Enkel.

Damals konnte ich mir
im Leben nichts Schöneres

vorstellen, als diesem
Grammofon zu lauschen
wenn meine Eltern
nicht da waren.

Fans

Der Anruf kam um 1.30 Uhr.
Es war jemand aus Denver:

»Chinaski, Sie haben Fans
in Denver …«

»So?«

»Ja. Ich mach eine Zeitschrift
und will ein paar Gedichte von Ihnen …«

»SCHEISS AUF CHINASKI!« hörte ich
eine Stimme im Hintergrund …

»Ich höre, Sie haben einen Freund«,
sagte ich.

»Ja«, sagte er. »Also, ich will
sechs Gedichte …«

»CHINASKI IST NE NIETE! CHINASKI IST
DOOF!«
grölten die anderen.

»Habt ihr beiden getrunken?«
fragte ich.

»Na und?« antwortete er. »Sie trinken ja auch.«

»Das ist wahr …«
»CHINASKI IST EIN ARSCHLOCH!«

Der Herausgeber der Zeitschrift gab mir
die Adresse, und ich notierte sie mir
auf der Rückseite eines Umschlags.

»Also, schicken Sie uns ein paar Gedichte ...«

»Ich werde sehn, was ich tun kann ...«

»CHINASKI SCHREIBT STUSS!«

»Wiedersehn«, sagte ich.

»Wiedersehn«, sagte der
Herausgeber.

Ich legte auf.

Es gibt wirklich allerhand einsame
Menschen, die abends nicht viel
mit sich anzufangen wissen.

Eine tragische Begegnung

Damals war ich noch leichter für etwas
zu haben, und meine große Schwäche war
dass ich mir einbildete, ein Mann
der mit vielen Frauen ins Bett geht
wäre clever und gut und überlegen
vor allem, wenn er es
mit 55 Jahren noch so vielen Häschen
besorgt, also
stemmte ich Gewichte
trank wie verrückt
und machte
es.

Die meisten Frauen waren nett
und die meisten sahen auch gut aus
richtig dumm und öde waren nur
eine oder zwei. Jojo dagegen
kann ich überhaupt nicht einordnen.
Ihre Briefe waren dürftig, es
war immer dasselbe:
»Ich mag Ihre Bücher … würde Sie
gern kennenlernen …«
Ich schrieb zurück und
sagte ihr, es wäre
mir recht.

Dann kamen Anweisungen
wo ich mich mit ihr
treffen sollte:
vor einem College
an dem und dem Tag
um soundsoviel Uhr
gleich nach dem
Unterricht.

Das College lag in den Bergen.
Als der Tag kam und es Zeit wurde
fuhr ich los – mit einer
Straßenkarte und ihren Zeichnungen
von Serpentinen und
Abzweigungen.

Es war irgendwo zwischen der Rose Bowl
und einem der größten Friedhöfe in
Südkalifornien.
Ich kam zu früh und saß in meinem
Wagen, nippte an einer Flasche
Cutty Sark und sah mir die
Studentinnen an. Es waren
so viele – man konnte unmöglich
alle haben.

Dann klingelte es. Ich stieg aus
und ging zum Haupteingang. Dort
war eine große Freitreppe, und die
Studenten kamen heraus, die Treppe
herunter, und ich stand da und wartete –
es war wie in der Ankunftshalle
eines Flughafens: Ich hatte
keine Ahnung, welche
es sein würde.

»Chinaski«, sagte jemand
und da stand sie: 18, 19,
nicht schön und nicht hässlich

mit durchschnittlicher Figur
und auf den ersten Blick
weder intelligent noch dumm
weder verdorben noch irre.

Nach einem flüchtigen Kuss
fragte ich sie, ob sie ein
Auto hätte, und sie sagte ja
und ich sagte: »Gut, ich
bring dich hin, und dann
fährst du mir nach …«

Das machte Jojo gut. Sie folgte mir
den ganzen Weg bis zu meinem
heruntergekommenen Haus in East
Hollywood.

Ich goss ihr einen Drink ein und wir
redeten langweiliges Zeug und knutschten
ein bisschen.
Die Küsse waren nicht gut und nicht schlecht
weder interessant noch uninteressant.

Es verging viel Zeit, und
sie trank sehr wenig
und wir knutschten weiter
und sie sagte: »Ich mag
deine Bücher, sie geben mir
wirklich eine Menge.«
»Scheiß auf meine Bücher!« sagte ich.
Ich saß inzwischen in der Unterhose da
und hatte ihr den Rock bis zum Hintern

hochgeschoben und mühte mich sehr ab
aber sie wollte nur küssen und
reden. Sie machte nicht
richtig mit.

Dann
gab ich es auf
und fing an, mich richtig
zu besaufen.
Sie erwähnte ein paar andere
Autoren, die ihr gefielen
aber keiner von denen
gefiel ihr so wie ich.

»Aha.« Ich goss mir wieder einen
Drink ein. »Was du nicht sagst …«

»Ich muss gehn«, sagte Jojo.
»Ich hab morgen früh Unterricht.«

»Du kannst hier schlafen«, schlug ich vor.
»Stehst halt ein bisschen früher auf. Ich
mach ein erstklassiges Rührei.«

»Nein danke. Ich muss gehn …«

Und sie ging, mit einigen
Büchern von mir, die sie
noch nicht kannte – die
hatte ich ihr gegeben
als der Abend noch
jung war …

Ich trank noch ein Glas
und beschloss, es als unerklärlichen
Verlust abzuhaken.

Ich knipste das Licht aus
und warf mich aufs Bett
ohne mich zu waschen
oder mir die Zähne zu putzen.

Ich starrte an die dunkle Decke
und dachte: Also über die
werde ich nie was schreiben
können: Sie war weder gut noch
schlecht, wirklich oder unwirklich,
nett oder unfreundlich; sie war nur
ein Mädchen aus einem College
irgendwo zwischen der Rose Bowl
und der Müllkippe.

Dann juckte mich was. Ich
kratzte mich, es schien was
auf meinem Gesicht zu sein,
dann am Bauch, ich atmete ein
und aus, versuchte zu schlafen
aber das Jucken wurde schlimmer
dann spürte ich einen Biss
und dann mehrere – etwas
schien auf mir zu krabbeln …
Ich rannte ins Bad und
machte Licht –

mein Gott, Jojo hatte *Flöhe*.

Ich stellte mich in die
Duschkabine, drehte das
Wasser auf und
dachte:

Das liebe
arme
Ding.

Schwieriger Einstieg

Neuer Jockey, frisch aus Arizona
eingetroffen, kennt sich in der Stadt
noch nicht aus, aber sein Agent
besorgte ihm letzten Samstag ein
Pferd im ersten Rennen
und der Jockey fuhr auf dem
Freeway rein, aber an dem Tag
war auch das Footballspiel
U.S.C. gegen U.C.L.A.
und er geriet auf eine der beiden
Spuren zur Rose Bowl und
musste bis zum Parkplatz des
Football-Stadions fahren
bevor er wenden konnte.
Bis er zur Rennbahn kam
war das erste Rennen
vorbei.
Ein anderer Jockey hatte
mit seinem Pferd
gesiegt.

Als ich heute rauskam
sah ich im Programm, dass der
neue Jockey aus Arizona
ein gutes Pferd im
sechsten Rennen hatte.
Dann wurde das Pferd in letzter
Minute gestrichen.

Der Einstieg ins große
Geschäft ist manchmal

genauso schwer, als würde
man versuchen, in einem Tornado
einen hochzukriegen –
und selbst wenn man es schafft
hat niemand die Zeit
zum Hinschauen.

Das Aus für eine der besten Ecken in der Stadt

Von der Western Avenue bog man
um die Ecke, ging eine Treppe hoch
und konnte sich einen blasen lassen.
Neben dem Eingang saß ein
wuchtiger Rocker mit einem Hakenkreuz
auf der Jacke. Der schnupperte
ob man von der Sitte war
und wenn mans nicht war
passte er auf, dass man den
Mädchen nichts tat.
Es war direkt über dem
Philadelphia Hoagie Shop
in L. A.
und wenn die Mädchen nichts
zu tun hatten, kamen sie runter
um mal was anderes zu schlucken.
Der Mann vom Sandwich-Laden
hasste die Mädchen, und
am liebsten hätte er sich
geweigert, sie zu bedienen
aber er traute sich nicht.

Dann kam ich mal eines Tages
vorbei, und weder der Rocker
noch die Mädchen waren da.
Es hatte nicht wie sonst
eine Razzia gegeben
sondern eine Schießerei:
in der Tür am Ende der Treppe
sah ich die Einschusslöcher.

Ich ging runter in den
Hoagie Shop und bestellte
ein Sandwich und ein Bier
und der Inhaber sagte:
»Jetzt ist alles
gut.«

Dann musste ich ein paar Tage
verreisen, und als ich
zurückkam und rüber zum
Hoagie Shop ging, sah ich
dass die Scheibe eingeschlagen
und mit Brettern vernagelt war.
Drinnen waren die Wände
und der Tresen
schwarz verkohlt.

Kurz danach drehte meine
Freundin durch und fing an
mit einem Mann nach dem
anderen zu
bumsen.

Fast alles Gute war beim
Teufel.
Ich kündigte meine Wohnung
zum Ende des nächsten Monats
und zog nach drei Wochen
aus.

Doch ein guter Haufen

Ich höre immer noch von den
alten Hunden: Männer, die
seit Jahrzehnten schreiben,
alles Dichter, sie sitzen
weiter an ihren Maschinen
und schreiben
besser denn je
trotz Ehefrauen und Kriegen
und Jobs und allem
was so passiert.
Viele konnte ich als Menschen
oder Künstler nicht leiden
doch ich übersah ihr
Stehvermögen und
ihre Fähigkeit
sich zu verbessern.

Diese alten Hunde
hausen in verräucherten
Buden und greifen zur
Flasche …

Sie traktieren das
Farbband – und sind da
um zu kämpfen.

Verrenkungen um drei Uhr morgens

Das ist das Schlimmste:
du bist betrunken
sämtliche Feuerzeuge
sind leer
die Streichholzheftchen
aufgebraucht
Zigarettenkippen und
Zigarrenstummel überall.

Du findest ein Heftchen
in dem noch drei Papp-
dinger sind
aber an der abgenutzten
Reibfläche machen sie
schlapp.

Scheiße.
Trinken ohne Rauchen
ist wie Schwanz
ohne Pussy.

Du trinkst weiter
und suchst herum
findest zum Glück noch ein
Pappstreichholz und
schabst *vorsichtig* über
ein Stück Reibfläche
das noch nicht so
abgenutzt ist.

Es geht *an*!
Du kannst *rauchen*!

Du machst dir ne
Zigarette an
schnipst das Streich-
holz Richtung
Aschenbecher
du triffst vorbei
und auf einmal
brennt was –

Endlich: Alles geht
in FLAMMEN auf!

Eine Quittung von
American Express

ein paar von den leeren
Streichholzheftchen

sogar eins von den leeren
Feuerzeugen.

Die Flamme lodert und
züngelt
dann brennt der ganze
Aschenbecher
Kippen und Zigarren-
stummel qualmen
als würden Münder
daran paffen.

Du bekämpfst das Feuer
mit verschiedenen
Gegenständen, sogar
mit den Händen

und endlich ist die Flamme
aus, nur noch Rauch
in der Luft
und wie schon so oft
kommt dir der Gedanke:
Ich muss verrückt sein.

Du hörst die Stimme
deiner Frau:

»Ist was, Hank?«

Sie ist nebenan im
Schlafzimmer.

»Nein, alles bestens …«

»Es riecht nach Rauch … brennt
das Haus ab?«

»Nur ein kleines Feuer, Linda …
schon wieder aus … schlaf weiter …«

Sie war es, die dir
nach einem ähnlichen
Vorfall
den Papierkorb aus
Metall besorgt hat.

Schon bald
schläft sie wieder

und du suchst weiter
Streichhölzer.

Heimarbeit

144 Ah, die Tage
als ich sie nach-
einander durch mein
schäbiges Apartment
schleuste …

Gott, ich war ein
haariges hässliches Ding
ich legte sie alle
flach und
fuchtelte und
machte.

Ich war der hirnlose
betrunkene Affe
in einer traurigen
und sterbenden
Nachbarschaft.

Doch am seltsamsten
war, dass immer
neue kamen. Es war
eine Weiberparade
und ich
frohlockte
balzte und
tummelte mich
und hatte keinen
blassen Schimmer
was das alles
sollte.

Das Schlafzimmer
mit seinen eigenartig
blauen Wänden
wurde für viele
ein Teil ihrer
Erinnerungen.

Die meisten Ladys
gingen kurz vor
Mittag –
grade so um die Zeit
wenn der Briefträger
kam.

Eines Tages sprach er
mich an: »Mann Gottes
wo kriegen Sie die
alle her?«

»Keine Ahnung«,
antwortete ich ihm.

»Nichts für ungut«,
fuhr er fort, »aber Sie
sehen nicht gerade aus
wie ein Gottesgeschenk für
Frauen. Wie
machen Sie das bloß?«

»Ich weiß nicht«,
sagte ich.

Und das stimmte auch:
Es lief eben so
und ich machte es
– in meinem blauen
Schlafzimmer
mit der besten Spitzen-
tischdecke meiner
toten Mutter als
Fenstervorhang.

Ich war ein
bumsfideler
Narr.

Doppelt gebraten

Irgendwie hatte er mich wieder
ausfindig gemacht. Jetzt hatte ich ihn
am Telefon, und er redete
von den alten Zeiten:
Was machen Michael und Ken und
Julie Anne? Und weißt du noch …?

Dann kamen seine derzeitigen
Probleme dran …

Er redete wie ein Wasserfall
– schon immer –
und ich hatte
ihm zugehört.

Ich hatte zugehört, weil ich ihn
nicht kränken wollte
wie die anderen damals
die einfach sagten:
Komm, hör doch auf.

Jetzt
war er wieder
da.

Ich hielt
den Hörer auf
Armeslänge von mir
aber seine Stimme war
immer noch zu hören.

Ich gab das Telefon meiner Freundin
und sie hörte eine Weile zu –
schließlich nahm ich den
Hörer wieder und sagte zu ihm:

Hey, Mann, wir müssen Schluss machen.
Der Braten im Ofen brennt an!

Okay, Mann, sagte er, ich ruf dich
wieder an …

(Eins wusste ich von meinem
alten Freund: Er hielt immer Wort.)

Ich ließ den Hörer auf die
Gabel fallen.

Wir haben gar keinen Braten im Ofen,
sagte meine Freundin.

Doch, sagte ich.
Mich.

Mord

Konkurrenzkampf, Geldgier
und Ruhm – nach verheißungsvollem Auftakt
schreiben sie nur noch lustlos weiter
schreiben auf Bestellung, schreiben
für Cadillacs und jüngere Frauen –
und Alimente für Ex-Frauen.

Sie treten in Talkshows auf, gehen mit
ihresgleichen auf Partys
die meisten gehen nach Hollywood
werden Intriganten und
Klatschreporter
und haben mehr und mehr Affären
mit immer jüngeren Frauen und/oder
Männern.
Zwischen Hollywood und den Partys
schreiben sie nach der Stoppuhr
und zwischen den Slips und/oder
Sackhaltern und
dem Kokain
bringen es viele fertig, mit dem
Finanzamt über Kreuz zu geraten.

Zwischen ehemaligen und neuen Frauen,
neuen und immer neueren Girls (und/oder)
verwandeln sich ihre Tantiemen und
sonstigen Einkünfte – Hunderttausende
von Dollars – plötzlich in
Schulden.

Das Schreiben wird zu einer
sinnlosen Zuckung
und Vergeudung einer
einst großen Gabe.

Es passiert und passiert
und geht immer weiter:
Die Verstümmelung eines Talents
das die Götter so selten
gewähren
und so schnell wieder
einkassieren.

Was mach ich nur?

Es muss aufhören, dass wir uns mit den
wilden Rasern auf dem Freeway anlegen
und durch jede noch so schmale Lücke
donnern, während das Stereoradio durch
Mittag, Abend und Dunkelheit röhrt –
wenn wir doch in Wirklichkeit
nur in einem kühlen grünen Garten sitzen
und uns in Ruhe bei einem Drink
unterhalten wollen.
Was macht uns so? Schief eingewachsene
Zehennägel? Oder weil uns die Frauen
nicht genug sind? Welche Dummheit
treibt uns dazu, den Tod
immer wieder in die Nase zu zwicken?
Ist es die Angst vor der näher rückenden
Bettpfanne? Oder über halb garen Erbsen
zu sabbern, die uns eine gelangweilte
Krankenschwester mit dicken dummen Beinen
ans Bett bringt?
Welcher leichtsinnige hirnrissige Impuls
lässt uns das Gaspedal durchtreten, mit nur
einer Hand am Lenkrad?
Können wir keinen Frieden darin finden
mit Anstand zu altern?
Was ist das für ein höllischer
Aufruf zum Krieg?

Wir sind der Abschaum der Menschheit.
Die besten Museen, große Kunst, Generationen
von Wissen – alles vergessen, und wir
finden es tief und bedeutend

Arschlöcher zu sein.
Wir werden enden
als beinahe lebensgroßes
Foto, das im Verkehrsgericht
als Warnung an der Wand hängt
und die Betrachter werden ein wenig
erschauern und dann wegsehen
und wissen:
Zuviel Egoismus
bringt es nicht.

Die Brücke von Arles

Van Gogh schnitt sich
das Ohr ab
und gab es einer
Prostituierten
die es angewidert
wegwarf.
Van: Huren wollen
keine Ohren
sie wollen
Geld.

Vielleicht warst du
deshalb so ein großer
Maler: Du hast
sonst nicht viel
verstanden.

Was macht dein Herz?

In meinen schlimmsten Zeiten
auf Parkbänken
in Gefängnissen
oder wenn ich mit Nutten
zusammenlebte
blieb mir immer eine
gewisse Zufriedenheit –
ich würde es nicht
Glücksgefühl nennen
es war eher eine innere
Ausgeglichenheit
die mich alles nehmen ließ
wie es kam.
Das half mir
in den Fabriken
und wenn es
mit Frauen schief
ging.

Es half mir über den
täglichen Kleinkrieg
und die Katerstimmung
weg, über die Krankenhäuser
und Schlägereien in Gassen.

In einem billigen Zimmer
in einer fremden Stadt
aufzuwachen und das
Rollo hochzuschieben –
das gab mir eine ganz
verrückte Zufriedenheit;

und über die Dielen zu einer
alten Kommode mit einem
gesprungenen Spiegel zu gehen –
mich darin zu sehen, hässlich,
und über alles zu grinsen.

Das Entscheidende ist
wie gut man durchs
Feuer geht.

Vergiss es

Also pass auf, wenn ich sterbe,
will ich keine Tränen, sorg dafür,
dass ich unter die Erde komme,
ich hatte ein erfülltes Leben,
und wenn einer
eine Startvorgabe hatte,
dann ich.
Ich hatte sieben oder acht Leben
in einem. Mehr kann man
nicht verlangen.
Am Ende sind wir alle gleich
also bitte keine Reden
es sei denn, du willst sagen:
Er wettete auf Pferde
und davon verstand er
eine ganze Menge.

Du bist nach mir dran, und
ich weiß jetzt schon was
das du nicht weißt.
Vielleicht.

Gedichte, die einer schrieb …
116 S. | 9,90 € (D) | 10,20 € (A)

Irgendwo in Texas · Gedichte
160 S. | 14,90 € (D) | 15,40 € (A)

Alle reden zu viel · Gedichte
160 S. | 16,80 € (D) | 17,30 € (A)

Schlechte Verlierer · Stories
172 S. | 12 € (D) | 12,40 € (A)

Kaputt in Hollywood · Stories
144 S. | 12 € (D) | 12,40 € (A)

Leben und Sterben im Uncle Sam Hotel
144 S. | 12 € (D) | 12,40 € (A)